JN107337

キンダーハープを弾こう

― 子どもに関わるすべてのかたへ ―

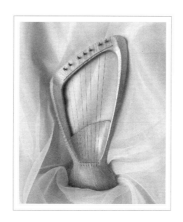

イザラ書房 IZARA

© 2009 edition zwischentöne Buch-und Musikverlag

Gerhard Beilharz Forststr.15

D-73235 Weilheim/Teck

www.edition-zwischentoene.de

Gesamtgestaltung: Walter Schneider, www.schneiderdesign.net

Notensatz: Hans-Georg Jaffke

Herstellung: Druckerei zu Altenburg GmbH, Altenburg

ISBN 978-3-937518-10-7

目 次

はじめに

キンダーハープは
子どもたちのために楽器を弾いてみよう
そして楽器を弾きながら一緒に歌ってみようと思っている皆さんにとって
手に取りやすい楽器です。

これから皆さんに一歩ずつ
キンダーハープを弾くことに慣れ親しんでいただきます。
楽譜が苦手な方は
曲を覚えてから弾いてくださってもかまいません。

そして子どもを寝かしつける時や
お話しの伴奏にふさわしい曲
即興演奏のためのヒントも紹介します。

巻末には
音の合わせ方や弦の張り方について、
より深く考えるためのいくつかの視点、
また参考図書や連絡先などが添えてあります。

さあ、それでは、
素敵な音の世界へご一緒しましょう！

メヒティルト・ライアー
ゲルハルト・バイハルツ

最初の出会い

キンダーハープを手に取ってみてください。
最初に楽器の重さや木の感触を、
そして弦の手触りを感じてください。
あなたの腕の中に楽器は心地よく納まっていますか?

次に弦を鳴らしてみてください。
耳を澄ませてみると、
とてもかすかで明るい音色がするでしょう。

クラリネットやチェロ、トランペットなどの
クラシックのオーケストラ楽器の音を聞いたときとは
全く違った何かが呼び起こされることに気づかれるでしょう。

オペラ歌手の歌うアリアと、5歳の子どもが歌う歌では違った美しさがあります。
そしてもちろんキンダーハープはオペラのために作られたものではありません。

さて、この楽器を初めて手にした皆さんは、
おそらく弦をつまむように、はじいて音を出すでしょう。
でもキンダーハープの場合は、そうではなく弦を押すように指に重さをかけて音を出します。

弦を弾く動作を言葉では表現しにくいのですが、
弾く時の動きは、愛情を持って撫でるような動きで、
それに重さがかかって弦を押していくようなイメージです。

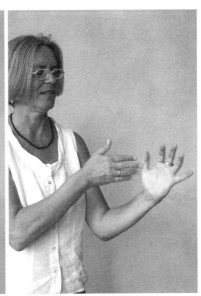

楽器を持たずに練習してみる（立ったまま、もしくは座って）

・写真のように左手の力を抜いて、胸の前で身体から離して少し開いてください。

・手のひらは心臓の方に向けます。

・右腕はまず力を抜き、そこから指を軽く広げた右手を左手に向かって美しい弧を描くように動かします。

・そして左手の指からそのまま左手首の方へ向かって撫でおろします。

    力の入れ方を変えながらこれを何度か行ってください。

    右手の指を広げすぎないようにしましょう。

    皆さんが小さなお子さんの髪を柔らかく撫でるようなしぐさです。

    このとき左手に弦があるように想像してください。

    弦には張力があり、抵抗感があります。

    ですから弾く側の右手の動きには重さをかける必要があります。

座って両腿の上にキンダーハープを乗せる

・椅子の背に、もたれかからずに座ります。

・弦を巻いてあるピンを左側にして、キンダーハープを膝に、両腿の上に置きます。

・腿がだいたい床と水平になるくらいの椅子を使ってください。

・左手は力を抜き、低い方の２、３本の弦のピンを左手の掌に感じるように楽器の上に置きます。

・右手は先ほど練習したように腕の力を抜いてぶら下げます。

・その状態から軽く上に持ち上げます［写真・左２枚］。

・そして外側から弧を描いて弦の上へ着地し、一番低い弦から順に全部の弦の上を動き、自分の方へと　近づきます［写真・右２枚］。

　　　この時、動きは腕や手の重さに任せます。

　　　初めは滑らかな動きにならないかもしれません。

　　　「腕を重力に任せる」と感じながら練習してください。

　　　地面の上というよりむしろ水の中で動かすような感じです。

・指は、薬指だけが弦を鳴らすように、薬指に少し重さをかけます。
・その他の指は音を鳴らすことなく弦の上を軽く撫でていきます。

＊最初に薬指を使って練習するのは、薬指が一番指に力が入りにくいからです。そうすることによって、腕全体で弾くということが理解できるでしょう。

この動きをゆっくりとやってみましょう。
そうすると自然に音が良くなり、7つのつながりのあるメロディーが生まれます。
重さを伴いながら弦を弾いた指は、順番にその隣の弦に着地します。
薬指で弾くことに慣れてきたら、他の指でも弾いてみましょう。

上の左端の写真では、左手の持ち方が違っているのに気づきましたか？
下から楽器を支えています。こちらのほうがリラックスできるようでしたら、
この持ち方でもかまいません。

＊先に進む前に、この楽器の弦の並び方と楽譜の表記について次のページで紹介します。

弦の並び方 - 表記 - 指使い

人差し指 〈2〉
中指 〈3〉
薬指 〈4〉
小指 〈5〉

短音

長音

長く

さらに長く

2倍の長さ

休止

弦の上をなでる
（グリッサンド）

短 ― 長

短 ― 短 ― 長

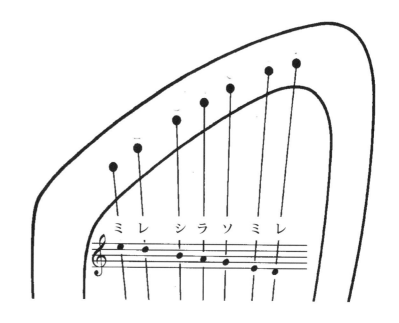

ミ レ シ ラ ソ ミ レ

キンダーハープの弦は、皆さんにおなじみの長音階（ダイアトニック・7音階・ドレミファソラシ）ではなく、ペンタトニックです。ペンタトニックとはギリシャ語で5音階、つまり1オクターブに5つの音しかない音階を意味しています。

高い音に向かって レミソラシ となっています。
これは女性や子どもの声の中低域にあたります。
その5音に **オクターブ上の レ と ミ** が加わっています。

歌の声との関係

キンダーハープの音域は幼い子どもの歌える音域に対応しています。

しかし幼稚園や家庭で大人たちがいつも低い音域でばかり歌っていると、とりわけ男の子の場合、特に明るい高い音域の声で歌うことができなくなってしまうことがあります。

大人の皆さんの場合はどうでしょう？

女性の声は楽器と同じ音域で響きますが、男性の声は 1 オクターブ低くなります。

試しにキンダーハープの高いほうの 2 つの音を歌ってみてください。

声がでなくてもすぐに諦めないで、音楽の先生や声楽の先生から発声の仕方を教えてもらって練習してみてください。

＊歌に関する更なる記述は 17、21、30 ページにあります。

基本練習と最初のメロディー

普通の持ち方への移行

・楽器を両腿の上に置きます。

・右手の薬指で（重さをかけて）弦を弾いていきます［写真・左］。

・弾き続けながら左手で楽器を徐々に持ち上げてみてください。
　楽器の下の部分は右腿に乗せたままにします［写真・中］。

・楽器が垂直に立つまでの間に、演奏する時の重さを感じられなくなっているかもしれません。

・立たせた楽器を弾く動きの中に、意識して重さを感じながら、
　流れるような動きを繰り返してみてください［写真・右］。

・弦を弾いた指は自然に次の弦に乗ります。

・そうやって順番に弦を弾いていくと、一番端の明るい(高い)音を出す弦を弾いた指は、
　本体の木の部分に着地します。

一般的な持ち方

- 左手を共鳴板の丸みに添わせます。
- 親指を共鳴板の縁に、人差し指を共鳴板がフレームに続くところに置きます。
- 残りの3本の指でフレームを軽く包むように持ちます［写真・左］。

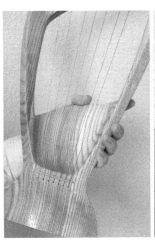

※もちろん少し持ち方を変えていただいても結構です。
　子どもの場合、身体の大きさや器用さにもよりますが、
　フレームを握ることが多いかもしれません［写真・右］。
　ここで大切なことは、上手な手本を見せること。そして
　あれこれ手直しせずに子どもに演奏させることです。

- 座って演奏する時は、楽器の下の部分を奏
　者のお腹、もしくはお腹と腿で支えます。
- 立って演奏したり動きながら演奏したりす
　る時には、腕だけで持ちます。

音を奏でる

- 軽く指を開いて手を弦に置いてください。
- 人差し指〈2〉をこれから弾く**真ん中の弦 ラ** の音に
　置きます。

※右の写真のように、人差し指が音を繰り返し奏でて
　いる間、それ以外の指は弾いていない弦の上に置い
　ておくこともできます。

＊ 譜面の上の番号は指番号

あ　か　い　と　り　あ　か　い・・・

歌詞を感じながら弾いてください。人指し指〈2〉で弾きます。

短（●）長（○）の音は音符の長さを数えたり、拍子（タクト）を取ったりしないように弾きます（就学前の子どもたちは、まだ拍子を持ちません）。

同じ音を繰り返し弾く時も、弾くたびに指は隣の弦に着地してください。

歌いながら奏でることで、演奏も歌も美しくなります。

それは知らずしらずのうちに今までとは違う聴き方を練習しているからです。

今度は**1**音高い シ の弦を同じように人差し指で弾いてみましょう。

か　ぜ　か　ぜ　て　ん　の　子　よ

最初は硬い音がするかもしれません。

でも愛おしみながら楽器を奏で、暖かな響きが手に返ってくるのを感じるまで弾き続ければ、

音は次第に柔らかく透明なものになります。

そうすると手は弾くたびに繊細な呼吸のように動きはじめます。

ここで大切なのは、動きの流れを手首で止めないことです。

ちいさな練習曲をひとつ

隣り合った二本の弦を、人差し指〈2〉だけで 短ー長 というリズムで弾きます。やわらかくなめらかに動かしてください。楽譜のスラーはメロディーがつながっていることを示します。メロディーの最後は3本の弦をひとつの動きで弾きます。ハミングするか適当な歌詞をつけて歌ってみてください。中指〈3〉や薬指〈4〉で同じ練習をします。

ここではじめてメロディーが下降します。

弾く指は、いつも自分の方に向かって動かします。自分の身体から外に向かって弾かようにしましょう。メロディーが下る時の指づかいは、2本か3本の隣り合った指で順番に演奏すると簡単です。いつも最初の音を人差し指〈2〉で弾き、次の音を中指〈3〉で、3音続く場合は、最後に薬指〈4〉になります。

次の小さな練習曲は、これまでの2曲と同じ弾き方です。
下降する時、小指〈5〉も演奏に加わります。

次のページの練習曲は、左ページの下で練習したものと同じ曲です。今度は1本指で弾くのではなく、2本の指で弾きます。上昇する時に指を変えることは、少し難しいかもしれません。レ を弾いた中指は ミ の弦に落ちますが、今度はその中指を人差し指に入れ替えて、同じ ミ の弦を弾きます。
2本の指の入れ替えの動きが柔かくなるまで繰り返し練習してください。

次の小さな練習曲を、子守唄のように演奏してください。

ここでは楽譜どおりに弾くだけでなく、短－短－短－長 のリズムを保ちながら、即興演奏のように
自由に演奏することもやってみてください。

※即興については 31 ページから触れています。

次の曲の音の動きは既に練習しているので、もう簡単に弾けるでしょう。

わたしの天使

訳詞：吉良 創
曲：アロイス・キュンストラー

Aus: Alois Künstler, Das Brünnlein singt und saget. Edition Bingenheim © Verlag Freies Geistesleben, Stuttgart

子守唄

どんな時代にも、
世界中のお母さんは、
いつも歌を歌って子どもを揺らしながら眠りにつかせてきました。
それはどうしてでしょうか？

幼い子どもを歌で眠らせるように、キンダーハープを腕に抱えてみてください。
そして部屋の中を歩きながら、キンダーハープを腕の中で揺らしてみてください。
そうすると、その答えが見つかるかもしれません。

次の３つのやり方で実際に歌ってみましょう。

● その場で思いついた即興の歌やメロディーを自由に歌う
● 子どもの頃によく歌っていた歌を歌う
● この本に載っている曲の中から選ぶ

歌っていて何を感じますか？
私の場合は動きながら歌うことによって、歌声が自由になります。
腕の動きで自然な呼吸の動きが生まれる時はなおさらです。
皆さんもリズムの要素をきっと強く体験されたことでしょう。
ゆりかごの揺れるようなリズミカルな動きは、こころを鎮め、眠りに導いてくれます。
子どものベッドの脇でキンダーハープを奏でることでも、子どもに心地よさが伝わります。

Aus Wilma Ellersiek, Wiegen- und Ruhelieder in der Quintenstimmung © Verlag Freies Geistesleben, Stuttgart 2001

キンダーハープの伴奏で歌った歌や、キンダーハープの自由な即興演奏は、お母さんや子どもの
呼吸のリズムに自然に合っていきます。その日に起きた多くの出来事や受け取ったものによっ
て、落ち着きがなくなったり静けさを失ってしまった子どもたちに、歌や演奏によるリズムが調
和を与えてくれます。

＊お母さん、とここで呼んでいるのは、いつも自分の内に母性
をもって子どもを寝かしつける人のことで、お父さんでもお
兄さんでもおばあさんでもベビーシッターでも構いません。

昼から夜への移りかわりをみてみましょう。その移りかわりをどのように形作ればよいでしょうか。
活動的な昼から夜の静けさに入る時、眠りへといざなう音楽はとても重要です。

なぜでしょうか？

私たちは現実の世界から眠りの世界に入ります。そこはもうひとつの世界、もうひとつの現実です。そして音楽はこのもうひとつの世界へとつながる門であり使者なのです。キンダーハープは使者として、とりわけふさわしいものです。その開かれた形と音階、長く余韻を残す響きの質は、世界に開いた幼い子どもの本質と響き合います。

次のように、歌を歌い、歌に合わせてキンダーハープの伴奏をつけることもできます。
まずこの歌を歌ってみてください。

詞：マチアス・クローデュウス
曲：ヨハン・アブラハム・ペーター・シュルツ

次にキンダーハープで伴奏をつけます。**一番低い音の弦 レ に小指〈5〉か薬指〈4〉を置き、上から二番目の弦 上の レ に人差し指〈2〉を置いて、**夕べの鐘のように静かなテンポで交互に弾いてください。

今度は歌を合わせてみてください。**上と下の レ を交互に弾き、**最後に**真ん中の音 ラ の弦**にたどり着きます。ハープをゆっくり揺らすと、音が部屋全体により軽やかに響き渡ります。
次のページの楽譜は、この歌に伴奏を加えたものです。

いつも同じように繰り返される眠りに入る時の営みについて、リズムというもうひとつの観点からお話ししましょう。これからこの地上で育っていこうとしている幼い子どもには、道案内が必要です。一日の生活のリズムはその助けとなります。同じリズムがいつも繰り返されていくことで、子どもは安心し、周りの世界を信頼します。そしてそれは自分への信頼、自信というような確かさにもつながり、より地上に足がつく手助けになります。ですからベッドに入る時には、毎日決まった時間に繰り返し同じ歌を歌うことは良いことです。

ろうそく、お話し、お祈り、歌など、それぞれの家庭で毎日繰り返されるこの習慣は、少しずつ違った独自の形で育まれます。このような習慣をとおして子どもと一緒に育んだ時間は、親自身にとっても気持ちを落ち着かせたり、リラックスしたりする大切な時間だったことに気づかされるでしょう。言い過ぎになるかとは思いますが、喧騒の中から静けさを見いだせる力、そして内的な静まり、信頼を見いだせる力、もし私たちがこのことを子どもにもたらすことができたなら、きっとそれは子どもたちが生き延びるのに必要な力となることでしょう。

喧騒の洪水の中にある今日、このことはとても大切な宝であり、このように昔はあたりまえのように行われていたことが、現代の生活でもとても大切なのです。

家庭での日々の歌と演奏

楽器の音色や歌が、夜眠りにつく子どもにとってなぜ大切なのかについて、前の章でとり上げました。ここでは幼い子どもにとって、日々の家庭での歌や演奏がどのような意味をもっているのかについて考えてみます。幼い子どもへの最初の音楽教育は全て家庭で行われ、まず歌声と音の響きを発見することから始まります。

歌について

歌う喜びは日課を軽くしてくれることがあります。
例えば、長く車にのった時の疲れを癒やしてくれたり、散歩の目的地がまだ遠い時には、元気づけてくれたりします。また日々の生活の中での、顔を洗ったり着替えをしたり片付けをするといった日課も、歌を口ずさむだけでスムーズに進みます。

子どもたちが繰り返しを好むことは、私たちにとってありがたいことです。
私たちが苦労して覚えて練習した歌を、繰り返し何度も歌うことができるからです。

6週間「秋の歌」を歌ったら、次には「聖ニコラウス」の歌が登場します。
遅くとも12月6日（聖ニコラウスの日）には「秋の歌」を終えます。
そして「秋の歌」は、次の年の、晴れた風の強い9月に再び歌い始めるまで静かに姿を消します。

「秋の歌」を再び歌い始める時は、しばらく会っていなかった古い友人に再開する時のようです。

幼い子どもに、外の世界とつながった動きのあるペンタトニックの音楽［詳しくは 54 ページ参照］を与えるほうが良いことは確かですが、それ以外のダイアトニックの音楽を使ってもかまいません。ここでは「何を考えるかより、どのように考えるかが大切だ」というゲーテの言葉がヒントになります。

あなたが子どもの頃から知っていて、できることなら、どんなことでも子どもたちを喜ばせることができるでしょう。慣れ親しんだ、すぐに思い出せる歌を、子どもたちと一緒に歌ってください。
子どもたちに、そして自分のために歌ってください。

キンダーハープの演奏について

キンダーハープでどんなことができるでしょう？

- **曲の演奏**：これまでとりあげたようにペンタトニックで作った曲を演奏することができます。
- **自由な演奏**：どのように練習すればよいかについては次にとりあげます。
- **楽器に合わせて歌う**：キンダーハープで演奏しながら歌うことが簡単にできます。

幼い子どもたちにとって、音楽と歌と動きはまだまだひとつに繋がっています。
次にあげる 2 つの歌には、子どもたちと一緒に動くためのヒントが添えられています。
自分の歌声に自信がない方も、キンダーハープを使って、このように歌に親しみを持つことができます。
動くことで、歌声が滑らかになり流れやすくなることに、きっと気がつかれることでしょう。

キンダーハープを手に取ったら、今度は座らずに立って弾いてみましょう。
立ったまま楽器を手に持ち、奏でてみます。

低い音から高い音に向かって1本の指で撫でるように、グリッサンドのように弾いていきます。
最初はキンダーハープをじっと持ったまま奏で、その後に弾きながら楽器を動かしてみてください。
そして音の違いを聴きわけてください。

ここで、下の曲を演奏する2つの方法を紹介します。

詞と曲
ヨハンナ・カルプ

みみを　すまそう、　かぜの　うたに　よるも　ひるも　一
こだちを　ゆらして、　かわいい　こらよ、　みみを　すまそう

Aus Johanna Kalb, Lieder zum Singen und Spielen. © Edition Mensch und Musik, Berlin 2007

この歌のメロディーが簡単な方は、まずこの曲を歌います。
そして　❀　の印のところで歌うのを休んで、先に書いたようにキンダーハープのグリッサンド弾き
で、部屋中に風を響かせます。

歌うことや楽譜を読むことが難しい方は、静かなひとりの時間に歌詞だけを覚えてみてください。
歌詞をしっかり覚えたら、自分で曲を付けます。
まず「みみを　すまそう」の部分を好きに歌ってください。
その後でグリッサンドを奏で、更に続けて「かぜの　うたに」の部分を歌い、またグリッサンドを入
れる、というように進めていきます。

そして別の日に、キンダーハープを子どもたちに回しながら一緒に演奏します。

Aus Christian Giersch, Das gar nicht fertige Liederbuch. Selbstverlag, Stuttgart o. J. Christian Giersch

上の曲の演奏方法を紹介します。

まずキンダーハープを手に持って、どの音か1音を鳴らしてみてください。
つぎに、その音を鳴らしながら、腕の中に入れているキンダーハープを
鐘のように静かに揺らしてみて、その響きの違いを感じてみてください。

鐘が鳴っている教会の塔に自分がなったつもりで、立って弾いてみてください。
腕をゆすることで、鐘の音を響き渡らせることができます。
キンダーハープの演奏が、鐘を鳴らす動きと響きになります。
鐘の音のリズムにとらわれる必要はありません。

楽譜にまだついていけない方は、まず1行目を1つの音で歌ってみてください。
キンダーハープの一番低い音に合わせてみてください。

2行目も簡単です。
キンダーハープには7本の弦があるので、
その真ん中の弦で真ん中の鐘を弾いてください。

最後の行では、小さな鐘はより速く鳴ります。
そんな時にはむしろ楽器を揺らさずにじっと持ち、指を速く動かします。
この行は速く弾くための練習にもなります。

子どもたちと一緒に歌う時には、楽器を脇に置いて、
歌に合わせて動いてもいいでしょう。

大きな鐘を動かす最初の行では、
鐘を鳴らすロープを引いている姿を想像してみてください。
大きな動きで繰り返し勢いよく膝を曲げてみましょう。

真ん中の鐘は、普通に立って、
腕の中で幼い子どもを揺らすように。

小さな鐘では、爪先立ちで両手を高くあげて、
全部の指を小さく動かすようにして最後の行を歌います。

他の音や響き

子どもは赤ちゃんの時、聴くことでも世界を発見し、そして世界に出会います。たとえば最初はガラガラの音で、後には手当たり次第、何でも叩いてみて出てくる音で世界に出会います。演奏用の楽器との境界は、はっきりしていません。楽器の演奏が突然始まるわけではないのです。キンダーハープの他にも幼い子どもにふさわしい楽器は、まだたくさんあります。子どもと一緒に歌を歌う時、それにふさわしい楽器を使うことは、その体験をより深いものにします。

次にあげるものはひとつのヒントとして考えてください。
それぞれの人が自由に感じてください。

●キンダーハープ
　　グリッサンドの弾き方で：せせらぎ、風のそよぎ、小川の流れ
　　即興の簡単なメロディーで：小人や蝶々
　　　　　　　　　　　　　　：水の精

●石、木、カスタネット
　　リズミカルなもの：小槌で叩く小人
　　　　　　　　　　：馬のギャロップ

●ガラガラ
　　コーボルト（いたずらをする妖精）

●タンバリン、太鼓
　　リズミカルなもの：大男
　　　　　　　　　　：トロール

●笛、オカリナ
　　小鳥、楽しい結婚式の音楽や旅の歌

●パンフルート
　　汽車、フクロウ、みみずく

●トライアングル、鉄琴（グロッケン）、金属の楽器
　　お星さま、お月様、お日様

旅先で見つけて持ち帰ったり、
外国雑貨店などで衝動買いした楽器が、いま役に立ちます。

そうした楽器を使ってお話などに調べをつけた例が、
メルヘンの音楽の章［33ページから］にあります。

自由な演奏、即興

自分の持っているイメージにとらわれずに、
音色の発見の旅に自由に出かけましょう。

タンバリンとトライアングルはどんな話をするでしょう？
そこにキンダーハープが加わるとどんな感じがするでしょう？
次の章ではキンダーハープによる即興をとり上げています。

即興を少し始めてみましょう

おそらく皆さんは、これまで楽譜を見て演奏してこられたのではないでしょうか。
あるいはまだ初心者で「即興？ 私には無理！」と思われているかもしれません。
でもキンダーハープなら即興は簡単です。ペンタトニックに調律されているので、どの音を奏でても
不協和音にはならず、きれいな音を響かせてくれるからです。

言葉が音のイメージをかきたててくれます。
リズミカルなメロディーで小さく呼びかけ、問いかけます。
歌にならなくても構いませんし、拍子を取っていく必要もありません。

言葉を使うのは、むしろ音自体を語らせるためです。
言葉が呼びかけ、問いかける力で音に動きが生まれます。アクセントやテンポ、自由なリズムに音程
の動き、そうしたすべてを言葉から感じ取ることができます。

ご自分で発見していただくために、いくつか例を挙げます。小節線や一般的な音符表記は付けていま
せん。長い音 (𝅝) と短い音 (●) だけを表記しています。

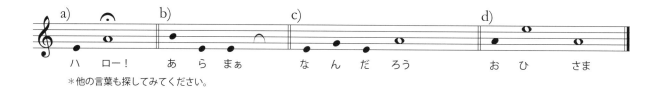

＊他の言葉も探してみてください。

a) は芽のようなもので、音楽理論では主題と言います。この主題から小さな流れが生まれていきます。
そして３人の人　b)、　c)、　d)　が出会っていきます。

この小さな挨拶を演奏し、歌ってください。

拍子や小節線のある次の楽譜【2】のような歌にならないように気をつけてください。

それでは別のバージョンを試してみてください。

音楽的なつながりはどうすれば生まれるのでしょうか？

このページの一番上の楽譜【1】では、左ページの楽譜で解説した始まりの主題 a）の短長のリズムで上昇する２音が、少し変化した別の音で繰り返されます。そうすると統一感が感じられます。楽譜【3】では合わないジグソーパズルのパーツように全く異なる３つの主題が続いています。この流れから統一感は感じられません。

次のページの例では、言葉かけからではなく、歌から始めてみます。
理想としては内的に（心で）歌うこと、心の中に音のイメージが息づいて、そこからキンダーハープの音が生まれるようになることです。この心の音楽的な動きはすぐにはできないかもしれませんが、練習で身につけることができます。３つのステップで行うのがベストです。

演奏する－内的に（心で）歌う－声に出して歌う

自信がないようでしたら１つの音から始めてください。

キンダーハープの１つの音を鳴らします。
その音を内的に（声を出さずに）歌います。
その後その音を声に出して響かせて歌います、例えば「no ノー」という音で。

これができたら、同じように２つの音、３つの音のメロディーで練習してください。
そして最後は複雑なメロディーを歌います。
この時、いろいろな言葉の音で試してみてください。
例えば「don ドン」、「ju ユー」、「long ロン」、「mo モー」、「ming ミン」など。
ハミングの「m ムー」よりもこうした音の方が声を出しやすいことに気がつかれるでしょう。

このようにして音のイメージを心の中で動かすことで、歌のようなメロディーを作ることができます。
とりとめのないものになってしまわないように、最初は一定に繰り返すリズムの基本形（韻律）から
始めます。皆さんもご存知の歌のリズムです。

例えば：　　短－長　　　●　○
　　　　　　短－短－長　●　●　○

内的に聴くこと、歌うことを止め、さらに息も止めて、演奏するとどうなるでしょう？
短－長、短－長、短－長、　などなど…　息を止めていられる限り続けてみましょう。

句点も読点もなく、次のページの一番上の楽譜のように長々と続く音楽となりませんでしたか？

内的に歌い始めると、おそらく下の楽譜のように呼吸のあるメロディーのつながりが生まれるかと思います。

正確な楽譜の方が分かりやすい方のために一般的な記譜も添えておきます。

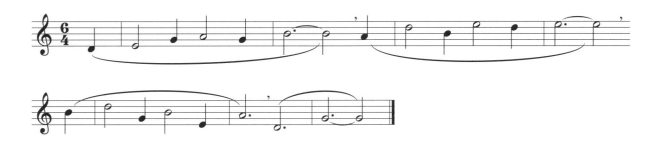

少しバリエーションをつけるだけで、次の楽譜のように新しい可能性が生まれます。 a) のように長い音の代わりに短い音2つに変えたり、 b) の後の長い音を二つの音に分けてつなぐこともできます。

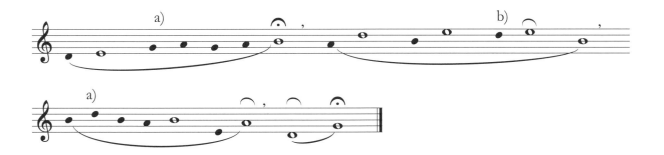

ほかのリズム（韻律）でも試してみてください。

例えば：　　短－短－長　　● ● ○

　　　　　　あるいは

　　　　　　短－短－短－長　● ● ● ○

何度も練習して慣れてきたら、自由な、複雑なリズムを試してみてください。

例えば次の章のメルヘンの音楽や、子どもが眠りにつくための静けさの覆いなど［17 ページ参照］、音で雰囲気を作り出すことができます。その時は、動きから始めること、自然の動きをメロディーとリズムで表すことが大切です。

　　　　　　　　　・そよ風は夏草をどうなびかせますか？
　　　　　　　　　・粉雪はどんなダンスをするでしょう？
　　　　　　　　　・秋の日差しの中で色づいた葉はどう落ちるでしょう？
　　　　　　　　　・吹きすさぶ秋風は木立をどう揺らすでしょう？
　　　　　　　　　・馬はどんなふうに駆けていくでしょう？
　　　　　　　　　・熊はどう歩くでしょう？
　　　　　　　　　・ネズミはどのようにちょこまかと動くでしょう？

動きが表に表れてこないもの、全く動かないものを音楽にするのは簡単ではありません。例えばこんなのはどうでしょう。

　　　　　　　　　・日の出
　　　　　　　　　・星空
　　　　　　　　　・お城
　　　　　　　　　・水晶の洞窟

このような練習をふまえて、この後の章の曲に取り組んでください。

メルヘンの音楽

音楽でお話しを豊かにする方法をこの章ではご紹介します。どんなメルヘンやお話しや絵本も、音楽的に表現することのできる雰囲気を必ず持っています。それは映画音楽のように台詞や人のしぐさを効果的にするバックグランドミュージックのようなものではなく、言葉と並ぶ独立したものです。

具体的な例をあげてみます。選んだお話しを一度静かに最後まで読んでください。そしてどこでお話しを休んで雰囲気を音楽的に表現したいか、を感じてください。全体像を掴んだら、今度はこれらの中からひとつの場面を選んでください。

キンダーハープを手に取り、即興で演奏してみます、1回、2回・・・、雰囲気の中に入り込みます。そうしたらお休みの前までの、ひとまとまりの部分をハッキリと声に出して読みます（言葉と音の響きが後でまとまった雰囲気になるためには、これが大切です）。そして即興の演奏の後、お話しの続きの部分を読みます。

お話しを聞いている人が、お話しと音楽を通して、全く違った聴き方の質を呼び覚ますことができるように、音楽はある程度の長さが必要です。短かすぎないようにしましょう。どれくらいが適当かを自分の耳で確かめてください。お話しを聞いている人がお話しの余韻を響きの中で味わうためには、十分な長さの音の連なりが必要です。何度か繰り返してみましょう。その都度、少し違った響きになるかと思います。

このようにしてお話し全体を通したら、どんな響きが良いか、お話しの最初と最後をどんな音楽にすれば良いかが分かってきます。実際にお話しをする場として、例えば子どもの誕生日などにお話しをする時には、始まりの音楽と終わりの音楽があると、とても素敵です。前奏がお話しのための聴く空間を開き、そして後奏は、静けさの中でもう一度、お話しの世界に子どもをたゆたわせてあげる役目を担うからです。ここではグリム童話をとり上げてみます。

グリム童話・星の銀貨

音楽と構成
メヒティルト・ライアー

昔々あるところに、お父さんもお母さんも亡くしたひとりの女の子がいました。住む部屋も眠る
ベッドもないほど貧しいその子は、とうとう身に着けた服と、情け深い人がくれた一切れのパン
だけの、一文無しになってしまいました。それでもその子は信心深い良い子でした。ひとりぼっ
ちになったその子は、愛する神さまを信じて野原に出ていきました。

そこでひとりの貧しい男の人に出会いました。「あ～お腹が空いて死にそうだ。何か食べる物をお
くれ」とその人は言いました。そこで女の子は持っている小さなパンを全部あげて「神さまのお
恵みがありますように」と言うと、また歩いていきました。

そこへひとりの子どもが現われて、嘆きながら「頭が冷たくて凍えそうだよ。何か被る物をちょ
うだい」と言いました。そこで女の子は被っていた帽子を脱いであげました。

そしてもっと先に行くと、着る物を何も着けずに震えているもうひとりの子どもが現われました。女の子は自分の上着をあげました。そして更に行くと、今度はスカートを欲しがる子どもがいたので、自分のものをあげました。

女の子が森に着いた時には、あたりはもう暗くなっていました。するとまた子どもがやって来て、肌着が欲しいと言いました。信心深い女の子は考えました。「暗い夜なら誰にも見られない、肌着をあげても大丈夫」。そしてとうとう肌着まで脱いであげてしまいました。

女の子が何ひとつ持たずに立っていると、空からお星さまが一度に降ってきて、たくさんの銀貨になりました。そして身に着けていた物を全部あげたはずなのに、女の子はとても美しい麻の真新しい服を着ていました。女の子は銀貨を拾い集めると、一生豊かに暮らしました。

星の銀貨はとても短いメルヘンなので、音楽と音楽の間のお話しの部分も短くなります。長いお話しですと、音楽の何倍も長く語られることもあります。

同じようなやり方で、いろいろな楽器を使っても［26、27 ページ参照］お話しに音楽をつけることができます。

根っこの小人

緑の小さなモミの木に
小さなちいさな根っこの小人が住んでいました。
とんとんぽこぽこ一日中、
ハンマー鳴らしておりました。

右に左にざわざわ揺れて
モミの木立が聞いている …

夜にはモミの木眠り込む。
小人のハンマーひと休み、
お空に大きな弧を描き
お月様がやってくる。

愉快になった小人たち
眠ってないよ、休んでないよ。
踊る踊るよ小人流、
モミの木廻って輪になって

とんがり帽子を振りながら
すれ違ったり並んだり。

朝になったらモミの木の
下に座った小人たち
とんとんぽこぽこ一日中、

… 始まりの音楽…

根っこの小人のハンマーは
どんな音がするでしょう？

モミの木はどんな音を立てるでしょう？

… お月様 …

小人たちの踊りの音と、ハンマーの音と、
どう違って響きますか？

踊り …

またもやハンマー打ち鳴らす。　　　　　　　… そしてまたハンマーが …

右に左にざわざわ揺れて
モミの木立が聞いている…　　　　　　　　　… そしてまたモミが …

おいらはハンマー親方さ！
仕事のはやい親方さ、
良い音立てて誰より早く　　　　　　　　　　… ハンマーの音を一度だけ！
楽しく一日打ちまくる！　　　　　　　　　　…そして最後の音楽を

Aus: Hedwig Diestel, Kindertag. O 1967 Verlag Freies Geistesleben, Stuttgart

歌

夕べの雰囲気を持った昔からの歌や新しい歌をいくつか紹介します。
できるだけ自由にメロディーが息づくように小節の区切りは入れていません。

ペンタトニックのメロディーはキンダーハープで演奏することができますが、歌の前後に短く自由に
演奏するのも良いでしょう。ペンタトニックではないドイツの童謡などを歌う時には、いくつかの音
を使ってキンダーハープの伴奏を付けることもできます［48〜51ページの楽譜の下の段］。

ここに挙げたものをヒントとして、ご自分でも探してみてください。
どんな民謡集や子どもの歌の本の中からも、ふさわしい歌を見つけることができます。
この日本語版は、日本で馴染みの深い歌やわらべうた、シュタイナー園で歌われている歌などに、
いくつか差し替えてあります。色々な曲集のリストも巻末に添えておきます［61〜62ページ］。

鳥のゆりかご

詞：クリスチアン・ディーフェンバッハ
曲：ペーター・ミヒャエル・リーム

しずかに しずかに こだちぬけ かぜふく

ゆらゆら、 ゆらゆら、 ことりたちを ゆらして

Aus: P. Schaub / P. M. Riehm, Lieder für die Unterstufe. Edition Bingenheim. © Verlag Freies Geistesleben, Stuttgart

おはよう

作：吉良 創

子ども園のうた　吉良 創作　南沢シュタイナー子ども園を育てる会

朝の歌です。

天の世界から朝に降りて来る子どもを、

大地が受け止める、

そんなイメージで作った歌です。

拍子をつけるとすると八分の九拍子で

１２３，４５６，７８９という、

ゆったりとしたゆりかごが揺れるような三拍子です。

まんまるおつきさま

作：吉良 創

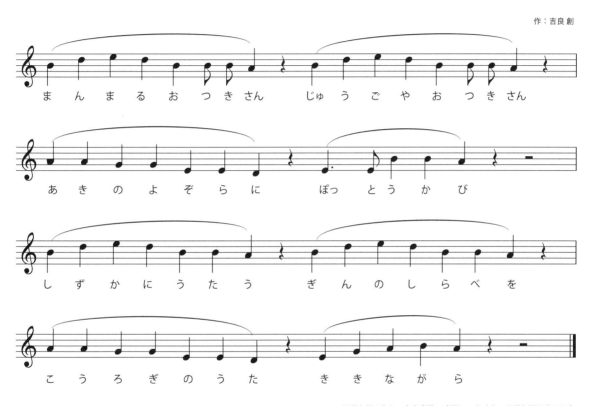

まんまる おつきさん　じゅうごや おつきさん

あきのよぞらに　ぽっとうかび

しずかにうたう　ぎんのしらべを

こうろぎのうた　ききながら

子ども園のうた　吉良 創作　南沢シュタイナー子ども園を育てる会

秋のライゲンのときに歌う、
子どもたちがとても好きな歌のひとつです。
歌詞の中に「銀のしらべ」とありますが、
銀は月と結びつきのある金属です。

ちいさなひなどり

作：吉良 創

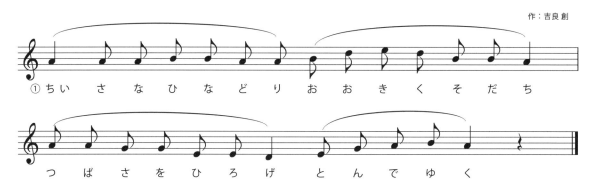

① ちい さ な ひ な ど り お お き く そ だ ち

つ ば さ を ひ ろ げ と ん で ゆ く

子ども園のうた　吉良 創作　南沢シュタイナー子ども園を育てる会

② ちいさな〇〇ちゃん　おおきくそだち
　　ひかりをうけて　　　あるいてく

③ みんなにであった　　こどもえんで
　　たのしくいっしょに　あそんだね

毎年卒園の祝いで歌う歌です。
お祝いでは、２番の歌詞の「〇〇ちゃん」のところに
一人ひとりの子どもの名前を入れて、
その子どもに向けて歌います。

入園してから今までのその子どもの歩みを思い、
またこれから先のはばたきを願って歌う、
感動のひとときです。

ひらいたひらいた

わらべうた

① ひ らいた ひらいた なんのはなが ひらいた

れんげのはなが ひらいた ひらいたと おもったら

いつのまにか つーー ぼん だ

② つぼんだつぼんだ　何の花がつぼんだ
　　れんげの花が　　　つぼんだ
　　つぼんだと　　　　思ったら
　　いつのまにか　　　ひらいた

ほたる

わらべうた

ほ　　　　ほ　　　　ほ　た　る　　こい

あっ　ち　の　み　ず　は　に　が　い　　ぞ
こっ　ち　の　み　ず　は　あ　ま　い　　ぞ

ほ　　　　ほ　　　　ほ　た　る　　こい

や　ま　み　ち　こい　　あ　ん　ど　の　ひ　か　り　を

ちょっと　み　て　こい

● 右の［45ページ］・下

沖縄のわらべうた『ジンジン』
ジンジンとは沖縄の子ども言葉で
ホタルの意味です。沖縄ではよく知
られた歌です。

44

雨コンコン

わらべうた
竹田喜代子編

あめ こん　　こん　　　ゆき こん　　こん

おらえの　まえさ　たんと ふ　れ

おてらの　まえさ　ちっと ふ　れ

あめ こん　　こん　　　ゆき こん　　こん

花のこども　竹田喜代子編著　キプリ

ジンジン

沖縄のわらべうた

ジン ジン ジン ジン さかやぬ みじくゥてィ　う てィり

よ　ー ジン ジン　さがり よ　ー ジン ジン

星めぐりの歌

詞と曲
宮澤賢治

① あ か い め だ ま の さ そ
② ア ン ド ロ メ ダ の く も

り ひ ろ げ た ー わ し の つ ば
は さ か な の ー く ち の か た

さ あ を い め だ ま の こ い
ち お ほ ぐ ま の あ し を き た

ぬ ひ か り の ー へ び の と ぐ
に い ー つ つ の ば し た と こ

ろ オ リ オ ン は た か く う た
ろ こ ぐ ま の ひ た い の う へ

ひ つ ゆ と し も と り を お と す
は そ ら の め ぐ り の め あ て

Amazing Grace

詞：ジョン・ニュートン
讃美歌

① Amazing　grace !　(how　weet　the　sound)　That

saved　a　wretch　like　me!　I

once　was　lost　but　now　I am　found　Was

blind,　but　now　I　see.

② 'Twas grace that taught my heart to fear.
　And grace my fears relieved;
　How precious did that grace appear,
　The hour I first believed.

③ Through many dangers, toils and snares.
　I have already come;
　'Tis grace has brought me safe thus far,
　And grace will lead me home.

④ When we've been there ten thousand years,
　Bright shining as the sun,
　We've no less days to sing God's praise
　Than when we've first begun.

どれだけ星が

詞：ヴィルヘルム・ヘイ
曲：民謡

*伴奏（キンダーハープ）

① おそらにどれだーけほしはかがやくの
おそらをどれだーけくもはとびかうの

どんなーにどんなーにたくさーんあっても ひと

つもかかさずかぞえられている

② お空をどれだけ虫は飛び交うの
　　流れにどれだけ魚は泳ぐの
　　だれでも、だれでも、忘られることもなく
　　いのちを授かりしあわせに生きる

p 49　『眠れ、眠れ、幼子よ』の 2 番の歌詞に
「星」の文字が抜けています。

////////// 　正しくは下記です 　/////////
2．おやすみ　羊たちも
　　お空に昇って星を身にまとう
　　おやすみ

眠れ、眠れ、幼子よ

詞：少年の魔笛より
曲：民謡

①おやすみ　もりも　ねむる　こだち

＊伴奏（キンダーハープ）

をゆすれば　ゆめが　おちてくる　おやすみ

② おやすみ　羊たちも
　　お空に昇ってを身にまとう
　　おやすみ

聖母の星旅行

詞：カール・シューベルト
曲：エドムント・プラハト

*伴奏（キンダーハープ）

① ほ し ぼ し し た が え マ リ ア は あ ゆ ー む

か が や く よ ろ こ び あ つ め て す す ー む

マ リ ア が あ ゆ め ば ほ し ぼ し う た い

せ い や に と ど け る め ぐ み で み た ー す

② 輝く晴れ着を、おひさまが仕立て
　　幸せ、喜び、お月さまが運ぶ
　　すべての星々、歌えや紡げ
　　地上の子どもに幸せを運ぶ

雪のひとひら

詞：ヘドヴィッヒ・ハーバーケルン
曲：民謡

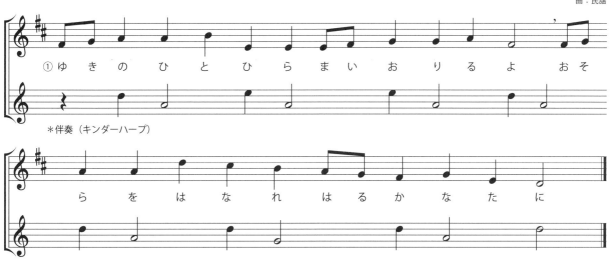

①ゆ き の ひ と ひ ら ま い お り る よ お そ

＊伴奏（キンダーハープ）

ら を は な れ は る か な た に

② 窓辺に降りたかわいい星
　 お花も草も白く変える

③ お花は白く包みこまれ
　 お空の夢の中で眠る

51

キンダーハープの歩みとその目指したもの

最初のキンダーハープが生まれたのは 1968 年でした。
幼い子どものためのこの楽器の誕生には、3 人の人が関わっています。

後にライアーの製作者となったヘルムート・ホーフシュテッターは、エンゲルベルク
（ドイツ）のシュタイナー学校の木工の先生でした。低学年の授業のための小さな弦楽器を、
高校 1 年生の生徒と一緒に作ってほしいという依頼があり、それがキンダーハープを作る
きっかけとなりました。

音楽教師で作曲家のユリウス・クニーリムは、音楽教育上の研究成果と実際の経験をもとに、
キンダーハープを製作する上で基礎となる指針を与えました。

音楽家で楽器製作者のノルベルト・フィッサーは、1950 年代以来、楽器に使われる素材の
響きを研究し、新しい楽器を開発してきました。その研究や経験により、コロイ工房で今で
も製作されている楽器の形をデザインしました。

最初の楽器が生徒たちの手仕事で作られた後、まもなくヘルムート・ホーフシュテッターの
ライアー工房でこの小さな楽器（キンダーハープ）が手作りされました。そして 1970 年代
半ば頃からこの楽器は、ヴッパータールとフィルダーシュタットの町にあるコロイ工房で作
られてきたのです。その後、ここに挙げた原キンダーハープからインスピレーションを得て、
多くの楽器製作者たちが、様々な形のキンダーハープを製作しています。

次のページで、その内のいくつかを挙げてみましょう。

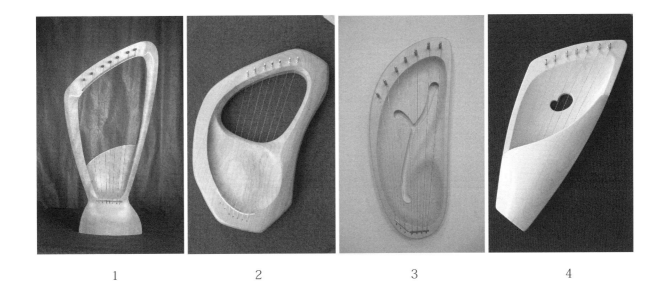

1　2　3　4

1　エルケ・リュックハルト（生徒）の手彫り、最も初期のキンダーハープのひとつ
2　ホルスト・ニーダーのキンダーハープ、ザーレム弦楽器工房
3　シェル・アンダーソンのペンタトニック・キンダーライアー、アウリス
4　グンドルフ・クーンのグロッケンハープ、グンドルフ・クーン楽器工房

コロイのペンタトニック・フルートと同様に、キンダーハープは９、10才位までの子どものための楽器です。しかし、子ども用のバイオリンのように、大人の楽器を縮小したものではありません。

むしろキンダーハープの持つペンタトニック的な開かれた音や、オープンな構造（共鳴箱を持たない）からくる周囲を包み込む響き、華やかさを押さえた響きが、幼い子どもたちのまだ内面の閉じていない、外に対して開かれた魂の在り方にふさわしいものとなっています。

就学前の子どもたちに特有の音楽性はあるのか？

年相応という考え方があります。
音楽の領域にも年齢にふさわしいものがあります。
子どもたちを十分注意深く観察する中で、それを読み取ることができます。

例えば5歳の子どもたちが見せる様々なしぐさの中に、
一人ひとりの違いを超えて共通するものを探してみてください。

- その姿は、まだ地面に足がついていないように見えます。
- 動きは軽やかで開放的です。
- 自分と外の世界の間に、はっきりとした境がありません。
- 大人と違って心も身体もまだ不安定です。
- 思いつくまま今この瞬間を生きています。
- 時間の感覚はまだはっきりしていません。
- 声の響きも明るくて軽く外に向かって広がっています。
- 歌う時にはイントネーションが不安定になることがあります。
- メロディーの基音には縛られていません。

　　＊3年生の子どもでさえ、ダイアトニックの縦笛で
　　　自由にメロディーを吹く時には、基音に縛られる
　　　ことなく全く自由な終わり方をします。

- リズムはまだ自分の中にある拍子の感覚からではなく、言葉と抑揚を持った呼吸に
  よって組み立てられます。
- カノンのような多声で歌うことはまだできません。

これらの5歳児の特徴をイメージして、五度の響きと比べてみましょう。

静かな中で、例えばキンダーハープやピアノなどで五度の音程である、レ と ラ の２音を同時に鳴らしたり、交互に鳴らしたりしてみて、そこに生まれてくる和音の響きをよく聴いてみてください。もしくは、その２音をご自身で声に出すか、ほかの方と一緒に和音を響かせてみてください。 そして、その和音から生まれる響きの空間をイメージしてみましょう。

さらに、そこに漂う雰囲気を感じてみましょう。

そうすると、それは開かれていて、日常的な意識から心を遠くへ、いざなうような響きだと感じられるでしょう。五度の音程はこのような響きの雰囲気を持っています。

この五度の音程の持つ雰囲気と、就学前の子どもたちの在りようと、何か共通するものを感じられるのではないでしょうか？

シュタイナー幼児教育の世界では、就学前の子どもたちのもつ雰囲気を、このことから五度の雰囲気と呼んでいます。

子どもたちはこの開かれた音の世界に、自分自身をゆだねることができます。

キンダーハープの調音の方法で述べたように、ペンタトニックの音階は五度の響きで構成されています。そのため、ペンタトニックの音階はとても開かれた感じがします。

しかしだからと言って、五度の音程で構成されているペンタトニックの音階と五度の雰囲気を直接結び付けないようにしましょう。

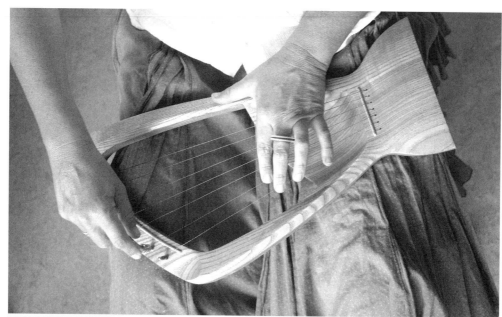

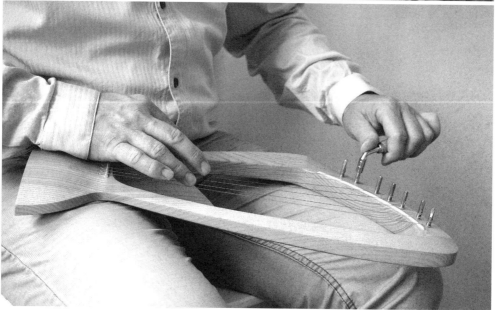

調弦の仕方と弦の張り方

調弦

調弦には、繊細に音を聴き分けたりする力や微妙な指先の感覚が必要で、思いのほか大変です。
最初は慣れた人に習ってください。

通常キンダーハープはラ（真ん中の弦）を 440 か 432 ヘルツに調弦します。短い演奏の後であれば、
週に 1 回程度の調弦で十分です。楽器をケースにしまったり、何かで覆ったりして大きな温度の変化
がないように丁寧に扱っていれば、数週間に 1 回の調弦でも大丈夫でしょう。

＊直射日光の下と風があたる場所、暖房器具の近くなどには置かないでください。
　湿度の高いところを避けてください。
　明らかに音がずれた場合は必ず調弦しましょう。

基本的に二種類の調弦の仕方があります。

1．7 音をそれぞれ、チューナーを使って、もしくはピアノや縦笛のような正しく調音され
　　た楽器の音に合わせて調弦します。
2．ラ（真ん中の弦）を音叉もしくは何らかの楽器で調弦し、他の音を耳で調弦します。

《次の点に注意しましょう》
－ 良い調弦キー（チューニングハンマーまたはレンチ）を使いましょう。
－ 調弦キーをピンにきちんとはめてください。
－ 根気強さが必要です。
－ 一方の手で調弦キーを握り、もう一方の手で弦を弾いてください。
－ 調弦キーは、ほんの少しずつ手首を使って動かしてください。
－ 弦が鳴っている間にだけ、しっかり聴きながら調弦キーを動かしてください。
－ 高い音はとても慎重に調弦してください。

《平均律に調律する場合／57ページ1. の方法》

　先に述べた方法で楽器の音、もしくはチューナーの目盛に合わせて順番に調弦します。
　こうして調律した音は平均律です。
　鍵盤楽器は同じように平均律で調律されています。
　デジタル・チューナーも通常は平均律です（純正律に対応したチューナーもあります）。
　平均律で調律された五度は、純正五度よりも音の間隔がほんのわずかに小さく（狭く）なります。

《純正律に調律する場合／57ページ2. の方法》

　－ラ（真ん中の弦）を音叉などからとります。
　－レ（一番下の音）をラから下に純正五度で合わせます。
　－上のミ（一番高い音）ラから上に純正五度で合わせます。
　－上のレ（二番目に高い音）一番低いレからオクターブで合わせます。
　－ミ（二番目に低い音）上のミから下にオクターブで合わせます。
　－ソ（三番目に低い音）上のレから下に純正五度で合わせます。
　－シ（三番目に高い音）ミから上に純正五度で合わせます。

　ソ－シの長三度はピアノで聞きなれた調律よりも、ほんのわずかに広く感じるでしょう。
　逆にミ－ソとシ－上のレの短三度は狭く感じます。

弦楽器のように純正完全五度でキンダーハープを調律すると、生きいきとした響きになります。
もちろんこの違いに気づくには、とてもよく聴く必要があります。
最初は、ライアーの先生か経験のあるヴァイオリンやチェロなどの弦楽器奏者に、五度の響きが確実
に聞こえるようになるまで調弦を手伝ってもらってください。

弦の張り方

演奏する頻度や、手に汗をかきやすいかどうかにもよりますが、2～5年ごとに新しい弦に交換することをおすすめします。まず巻弦（低音の3本）が先に寿命が来て、にぶい響きになります。
弦が切れてしまった時には、製作者から、または販売店で購入してください。

その楽器専用の弦以外は使わないでください。それぞれの弦はそれぞれの音専用ですので、他の音に張ることはできません（弦は一番高い音を1番として番号がふられています）。

初めて弦を張る時は、できれば慣れた人にやり方を教えてもらってください。
弦が切れた時には、次のようなやり方で新しい弦を張ってください。

  — ラジオペンチなどの先の細いペンチを使ってください。
  — 古い弦を外します。
  — 弦が切れた時はピンが絞められている状態なので、調弦キーでピンを2回転半ほど（時計
    回りに回し）緩めます。
  — 新しい弦を楽器本体の裏か下部の穴から通し入れ、ピンの穴に通します。
  — ピンの穴を通した弦をさらに引き出し、ピンから4.5～5cmのところでカットしてください。
  — 弦の先端を4～5mm直角に曲げます（直角よりほんの少し鋭角がベストです）。
  — 折り曲げた弦の端をピンに引き寄せてぴったりと付け、ピンより手前の弦の部分を手で
    ピンの周りに（時計回りに）ひと巻します（その際、曲げた弦の端の上に乗るように注意
    して巻いてください）。
  — 一方の手で弦に張りを与えながら調弦キーを差し込んで、ピンを（反時計回りに）回しな
    がら弦をゆっくり巻きつけます。
  — 巻きが重ならないように注意してください。
  — 本体から弦までの高さが他の弦と同じになるように気をつけてください。

＊注意点: 弦を交換するときにピンを巻き戻した場合は、さらに2回転半戻す必要はありません。
弦が張れたら、57ページの「調弦の仕方」で述べたように調弦します。

付記

連絡先

《ワークショップや、そのためのレッスン》

楽器を独学で学ぶには限界があります。ワークショップや目的を持ったレッスンを受けることは大きな手助けになりますが、残念ながらそういった環境は、まだ整っていないというのが現状です。そのような機会を探すには、インターネットに（キンダーハープ　レッスン）という検索ワードを入れて検索してみてください。見つからないときは、最寄りのシュタイナー園の先生にきいてみてください。

また、日本でのライアーの先生、ライアーグループ、コンサート、ワークショップやセミナーなどに関してはライアー響会にお問い合わせください。

ライアーは、1926 年以来製作され、とりわけアントロポゾフィーの治療教育やシュタイナー学校、音楽療法の現場で広まりました。キンダーハープはそのライアーから生まれています。演奏方法はライアーと同じですので、ほとんどのライアーの先生はキンダーハープも教えることができます。

●ライアー響会

Tel & Fax：042-469-8422

e-mail：hibiki@leierkyokai.jp　　　HP：http://leierkyokai.jp

《著者より》

この小さなキンダーハープの本をご利用されたみなさんから、ご自身の体験やご提案、ご意見をいただけると嬉しいです。　e-mail：bailharz@freie-musik-schule.de　ゲルハルト・バイルハルツ

《日本でのキンダーハープについての情報・販売代理店》

　●株式会社おもちゃ箱（コロイ、アウリス）

　　〒 145-0076 東京都大田区田園調布南 26-12

　　フリーダイヤル：0120-070-868（平日 9：00 ～ 17：00）

　　e-mail：toiawase-qa@omochabako.co.jp　　HP：https://www.omochabako.co.jp

　●ペロル（ザーレム、ペロルオリジナル）

　　〒 814-0031 福岡市早良区南庄 6 丁目 21-25-1F-A

　　Tel：092-844-8164　Fax：092-844-8174

　　e-mail：shop@perol.jp　　HP：https://www.perol.jp

　●クワイエット・ウォーターズ Quiet Waters（グンドルフ・クーン）

　　Tel：090-2726-3282　Fax：042-458-5957

　　e-mail：quietwaters1@gmail.com　　HP：http://www.quietwaters-kira.blogspot.com/

文献と楽譜出典

《文献》

・Gerhard Beilharz : Quintenstimmung und Kinderlied : Selbstverlag : Auslieferung durch edition zwischentöne : edition zwischentöne のホームページから入手可能
『五度の雰囲気と子どもの歌』

・Gerhard Beilharz ／ Albert Böse : Die Kinderharfe : In Gerhard Beilharz(Hg.) Musik in Pädagogik und Therapie : Verlag Freies Geistesleben Stuttgart : Verlag Freies Geistesleben のホームページから入手可能
『キンダーハープ　ゲルハルト・バイハルツ編　教育と治療における音楽より』

- Julius Knierim : Quintenlieder. Übungsbuch für Erwachsene, die mit Kindern vor dem 9.Jahre singen,spielen und tanzen wollen : Bingenheim (akutuelle Auflage : Edition Bingenheim im Verlag Freies Geistesleben Stuttgart) : Verlag Freies Geistesleben のホームページから入手可能
『五度の歌　9歳の子どもと歌い遊び、踊るための大人のための教則本』

《楽譜出典》

- Pär Ahlbom : Die Sonnentrommel : Edition Bingenheim im Verlag Freies Geistesleben Stuttgart : アマゾンで入手可能
『お日様の太鼓』
- Reinhild Brass : Rein wie das feinste Gold : Edition Bingenheim im Verlag Freies Geistesleben Stuttgart : アマゾンで入手可能
『最上の黄金のように純粋に』
- Margret Costantini：Verse und Quintenlieder für altersgemischte Gruppen im ergarten:Selbstverlag: Bezug Margret Costantini, Im Bruche 3, D-30519 Hannover
『年齢の入り混じった幼稚園児のグループのための詩と五度の歌』
- Wilma Ellersiek : Wiegen- und Ruhelieder in der Quintenstimmung : Hesg. Von Ingrid Weidenfeld : Verlag Freies Geistesleben : Verlag Freies Geistesleben のホームページから入手可能
『五度の雰囲気を持つ子守唄』
- Christian Giersch : Das gar nicht fertige Liederbuch : Selbstverlag : Anlieferung durch edition zwischentöne : www.noten.ch より入手可能
『全く未完成の歌集』
- Alois Künstler : Das Brünnlein singt und saget : Edition Bingenheim im Verlag Freies Geistesleben : Verlag Freies Geistesleben のホームページから入手可能
『小さな泉が歌い語る』
- 吉良 創『子ども園のうた』　　問い合わせ先：南沢シュタイナー子ども園 e-mail
minamisawa-steiner@celery.ocn.ne.jp
- 竹田喜代子『花のこども』　　問い合わせ先：一般社団法人アウディオペーデのホームページ
https://audio-pade.com

著者・訳者・監修者 プロフィール

●メヒティルト・ライアー Mechthild Laier (1957 - 2014)

　　音楽療法士 (BVAKT)、音楽教育家としてドイツ・シュトゥットゥガルト近郊のフィルダーシュ
　タットに在住し、フリーランスとして音楽療法、ライアー歌唱レッスン、子どもの音楽教室
　など様々な実践をする。また、若い母親やメルヘンの語り手、ホスピスや緩和ケア従事者な
　どに向けたキンダーハープのコースを行う。

●ゲルハルト・バイルハルツ Gerhard Beilharz

　　ドイツ・シュヴェービッシェアルプの麓にあるヴァイルハイム アン デア テックに在住し、
　様々な教育機関で音楽講師として従事。また海外での講座を行うかたわら、音楽教育、治療
　教育における音楽、新しく開発された楽器に関する書籍などの出版を行っている。

●伊藤壽浩 Ito Toshihiro

　　建築家として幼児教育施設など数多く手掛ける傍ら、京田辺シュタイナー学校開校時より宗
　教専科教員を務める。訳書にシュタイナー・リズミカルアインライブング（イザラ書房）、大
　地の四季（涼風書林）、国際通貨同盟―ゲゼル・セレクション（アルテ）などがある。

●吉良 創 Kira Hajime

　　自由学園卒業。ヴァルドルフ幼稚園教員養成ゼミナール修了、ライアー演奏を A・ローリン
　グに師事。現在、NPO 法人南沢シュタイナー子ども園代表理事、滝山しおん保育園園長、日
　本シュタイナー幼児教育協会理事、ライアー響会代表、Quiet Waters 代表。国内外でライアー、
　シュタイナー幼児教育の講座、講演、コンサート、執筆などをしている。

キンダーハープを弾こう　　Kinderharfe spielen
　　― 子どもに関わるすべてのかたへ ―

発行日　　2021 年　7 月 7 日　初版発行

著　者　　メヒティルト・ライアー Mechthild Laier
　　　　　ゲルハルト・バイルハルツ Gerhard Beilharz
訳　者　　伊藤壽浩
監　修　　吉良 創
挿　画　　みやがわよりこ
協　力　　井手芳弘
装　丁　　赤羽なつみ
発行者　　村上京子
発行所　　株式会社イザラ書房
　　　　　〒 369-0305　埼玉県児玉郡上里町神保原町 569 番地
　　　　　Tel. 0495-33-9216　Fax. 047-751-9226
　　　　　mail@izara.co.jp　　https://www.izara.co.jp
印刷所　　株式会社シナノパブリッシングプレス

Printed in Japan 2021 ⓒ Izara Shobo
ISBN：978-4-7565-0151-6　　C1073